Känguru Lesespaß

JOHANNA

Isabel Abedi

Kleiner Wolf in Not

Mit Bildern von Kerstin Völker

arsEdition

Bibliografische Information Der Deutschen Bibliothek

Die Deutsche Bibliothek verzeichnet diese Publikation
in der Deutschen Nationalbibliografie;
detaillierte bibliografische Daten sind im Internet über
http://dnb.ddb.de abrufbar.

5 4 3 2 1 09 08 07 06

Text: Isabel Abedi
Titelbild und Innenillustrationen: Kerstin Völker
Titel- und Rückseitenvignetten: Betina Gotzen-Beek
ISBN 13: 978-3-7607-4077-5
ISBN 10: 3-7607-4077-4

www.arsedition.de

Abgeschoben

Mit einem Ruck setzte sich der Zug in Bewegung.

Mama klopfte von außen ans Fenster und spitzte ihren rubinrot bemalten Mund zu einem Kuss. Papa winkte. Aber Pinky nickte den beiden nur kurz zu.

Sommerferien – die schönste Zeit des Jahres? Von wegen, dachte Pinky finster. Ihre Freundinnen, ja die flogen jetzt mit ihren Eltern in den Süden. Oder machten Ferien auf Reiterhöfen. Sie dagegen wurde zu ihrer schrägen Tante abgeschoben, damit Mama ihre Modemesse besuchen und anschließend mit Papa durch Italien reisen konnte. Es war wirklich eine grenzenlose Gemeinheit!

Mit düsterer Mine strich Pinky ihr rosa Glitzer-T-Shirt gerade und stellte ihre pinkfarbene Lackledertasche neben sich ab.

»Ist hier noch frei?« Eine dickleibige Dame

stand mit hochrotem Gesicht im Gang. Hinter ihr drängten sich die Leute.

»Glaub schon«, murmelte Pinky und nahm ihre Tasche wieder auf den Schoß. Die Dame zwängte sich neben sie, tupfte sich die Schweißperlen von der Stirn und angelte gleich darauf ein riesiges Butterbrotpaket aus ihrer Tasche. Pinky schnüffelte. Leberwurst. Sie hasste Leberwurst!

»Und? Wohin geht die Reise so allein?« Neugierig musterte die Frau sie. Pinky stöhnte innerlich auf. Ein Gespräch war wirklich das Letzte, was sie jetzt gebrauchen konnte. »Zu meiner Tante«, brummte sie und starrte angestrengt aus dem Fenster.

»Ach wie schön, da freut sich deine Tante aber, was?«

Pinky schnaubte nur. Ist mir doch egal, dachte sie. Diese Vogelscheuche! Erst einmal hatte Pinky ihre Tante gesehen – und das reichte schon. Klamotten wie aus dem Altkleidersack und einen Wollschal, der nach nassem Hund gestunken hatte. Zum Glück fuhr Pinky damals auf Klassenreise und Papa wollte sie gerade zum Bus bringen, als ihre Tante vor der Türe stand. Pinky verzog jetzt noch das Gesicht. Kein Wunder, dass sie jedes Gespräch mit Mama über ihre Tante abgelehnt hatte. Und nun musste sie es drei Wochen mit ihr aushalten. Drei Wochen und zwei Tage, um genau zu sein! Eine grässliche Vorstellung.

»Wo wohnt denn deine Tante?« Die Dame fischte das nächste Brot aus ihrer Tüte. Der Geruch von Schimmelkäse erfüllte das stickige Abteil, und Pinky drehte sich langsam der Magen um.

»Im Westerwald«, entgegnete sie knapp. Und während sie verzweifelt nach dem Walkman kramte, um endlich ihre Ruhe zu haben, wünschte sie die gesamte Erwachsenenwelt zum Teufel. Ihre Tante, die Pinky in ihr komisches

Kuhdorf einlud. Ihre Mutter, die Pinky dorthin abschob. Und ihren Vater, der zu all dem mit den Schultern zuckte, wie immer, wenn ... autsch, verdammt! Pinky zog ihre Hand zurück. Jetzt hatte sie sich auch noch ihre Drahtbürste unter den Fingernagel gerammt!

»Ach ja«, seufzte die dicke Dame. »Der herrliche Westerwald! Na, da haben wir ja ein hübsches Stück Weg gemeinsam. Ich fahre sogar noch weiter, zu meiner Ursel nach Ulm, mein Gott, das Urselchen, wir haben uns bestimmt zwei Jahre nicht mehr gesehen, ach was red ich, das müssen drei oder vier Jahre her sein, ich ...«

Endlich hatte Pinky ihren Walkman gefunden. Sie setzte sich den Kopfhörer auf, drückte den Startknopf und schloss die Augen. Zack, weg war die Dame. Und Mama war auch nicht da, um Pinky zu sagen, dass sich so was nicht gehörte. Die ließ sich jetzt im nagelneuen Cabrio von Papa nach Italien kutschieren – während Pinky, eingenebelt von Leberwurst und stinkigem Käse, ihrem ungewollten Urlaubsziel entgegenfuhr.

Ein Knall in der Stille

»Hallo, Franziska!« Vera stand schon am Gleis.

Pinky verschlug es die Sprache. Ihre Tante trug einen zerbeulten Strohhut und ihr Kleid sah aus wie ein Kartoffelsack mit Löchern für Kopf und Arme. Wie kam Mama bloß zu einer solchen Zwillingsschwester?

»Ich heiße Pinky«, gab sie patzig zurück. Vera lachte. »Passend zur Tasche. Na komm, ich helf dir tragen.«

Aber Pinky hielt an ihrer Tasche fest. »Kann ich selber.«

»Umso besser.« Vera führte Pinky zum Parkplatz. Ihr Auto war natürlich das schäbigste von allen. Ein uralter, völlig verdreckter VW-Bus. Als Pinky die Türe öffnete, stach ihr ein starker Tiergeruch in die Nase und der Rücksitz, auf dem sie ihre Tasche abstellte, war übersät von Tierhaaren. Damit, dass Vera als Tierpflegerin arbeitete und jahrelang durch die Weltgeschichte gereist

war, hatte Mama Pinky die ganze Reise schönreden wollen. Ihre Worte klangen Pinky noch in den Ohren. »Du bist doch sonst ganz wild auf Tiere und Naturgeschichten, was machst du denn jetzt für ein Theater?« Typisch Mütter. Die verstanden auch wirklich gar nichts!

»Na, dann mal los.« Vera drehte den Zündschlüssel und Pinky hielt sich die Ohren zu. Du liebe Güte! Bei dem Geschepper platzte einem ja das Trommelfell.

Über eine schmale Landstraße ging die Fahrt. Hügelauf, hügelab. Bei einem unverschämt knallblauen Himmel. Vera hatte die Fenster runtergekurbelt, warme Landluft wehte ins Auto und es duftete nach Sommer.

Pinky schwieg. Vera sang. Und Pinky stellte widerwillig fest, dass ihre Tante eine ziemlich schöne Stimme hatte. Wenn Mama sang, hielt Pinky sich die Ohren zu und Papa bettelte um Gnade.

Nach einer guten Stunde Fahrt bog Vera links ab. Unwillkürlich hielt Pinky den Atem an. Leuchtend gelbe Rapsfelder breiteten sich wie ein sonniger Teppich über der Landschaft aus.

Im Hintergrund sah Pinky vereinzelt Häuser stehen.

»Ingelmich«, sagte Vera und drückte grüßend auf die Hupe, als ihnen auf der Dorfstraße zwei ältere Frauen begegneten. Die beiden hoben lächelnd die Hand. Ganz im Gegensatz zu dem alten Bauern, der ihnen am Ende der Straße entgegenkam. Der hielt den Kopf zu Boden gesenkt. Hinter ihm ging ein Junge. Pinky schätzte ihn auf elf, zwölf. Sein Gesicht sah ernst aus. Traurig. Irgendwie auch einsam. Er hatte dunkle Locken und braune Augen, mit denen er Pinky direkt anblickte. Neugierig drehte sie sich nach den beiden um.

»Das war Daniel«, sagte Vera, als sie Pinkys Interesse bemerkte. »Seine Eltern sind bei einem Autounfall umgekommen, als Daniel noch ein kleiner Junge war. Seitdem wohnt er bei seinem Großvater, der nicht gerade ein Bilderbuchopa ist.«

Veras Worte hallten in Pinky nach. Beide Eltern tot. Das musste ja furchtbar sein!

»Außer Daniel wirst du hier keine Kinder finden«, erklärte Vera. »Die sind alle in den Ferien.«

Pinky verzog den Mund. Na wunderbar, so viel also zum Thema Abwechslung.

Kurz darauf bog Vera in einen Weg ein, der zwischen Getreidefeldern einen Hügel hinaufführte. »So. Da wären wir.«

Staunend sah sich Pinky um. Hinter der breiten Toreinfahrt lag ein Bauernhaus, umgeben von einem riesigen Garten. Zwischen zwei Obstbäumen hing eine bunte Hängematte und die Wiese wuchs so wild, dass Pinkys Füße im hohen, sattgrünen Gras versanken. Und die vielen Blumen! Löwenzahn, Dotterblumen, Gänseblümchen.

Wie schön, dachte Pinky. Und wie anders. Zu Hause wurden die Vorgärten einmal in der Woche ratzekurz gemäht und die Hecken sahen aus, als würden sie mit der Nagelschere bearbeitet.

Als Pinky das Haus betrat, musste sie zugeben, dass es ihr drinnen fast genauso gut gefiel. Mit großen Augen ging sie durch die Zimmer. Im Wohnzimmer gab es eine Kuschelecke mit bunten Kissen. Pinky grinste. Für Mama waren Kissen Staubfänger.

Vor den Fotos an den Wänden blieb Pinky

lange stehen. Eine türkisfarbene Baracke an einem menschenleeren Strand. Ein dunkelhäutiges Mädchen mit großen schwarzen Augen und einer Schüssel Reis in den Händen. Ein Babylöwe in der Steppe. Ob Vera den auf ihrer Weltreise fotografiert hatte?

Das Gästezimmer war oben. Aber Moment mal ...! Mit gerunzelter Stirn sah Pinky ihre Tante an. Es gab ja gar kein Bett. Sollte sie etwa auf dem Boden schlafen? Vera öffnete den hellblau gestrichenen Schrank, der in die Wand eingelassen war.

»Wow!«, entfuhr es Pinky. Das Bett war im Schrank! Eine breite Matratze, mit dicken Flauschkissen. Wenn man die Schranktür schloss, hatte man eine richtige Schlafhöhle.

»Machs dir gemütlich«, sagte Vera. »Ich koch uns was.«

Als Vera Pinky auf die Terrasse rief, war der Himmel von der Abendsonne blutrot gefärbt.

»Die Engel backen Brot«, lächelte Vera. »Das hat deine Großmutter zu einem solchen Himmel gesagt, als deine Mama und ich noch klein waren.«

»Hmpf«, sagte Pinky. Sie nahm sich ein Stück Pizza, biss hinein – und staunte. Die schmeckte besser als beim Italiener, bei dem Mama immer Essen bestellte.

»Wie war Mama eigentlich so als Kind?«, fragte Pinky, nachdem sie das siebte Pizzastück verputzt hatte.

»Deine Mama war entzückend«, sagte Vera. »Sie sah aus wie eine Elfe, und wenn sie ihre hellen Locken schüttelte, war man in sie verliebt.«

»Und warum bist du so anders?«, fragte Pinky mit zunehmendem Interesse an ihrer Tante.

Vera zuckte mit den Schultern »Wir sind Zwillinge. Aber zweieiige. Jedenfalls waren wir vom ersten Tag an so verschieden wie Tag und Nacht. Doch es hat uns nie gestört.«

Pinky kaute auf ihrer Unterlippe. Sie wusste nicht, was sie erwidern sollte.

Vera lehnte sich zurück. Wie still es hier ist, dachte Pinky. Viel stiller als in der Stadt.

Da knallte es.

»Was war das?«, fragte Pinky erschrocken.

Veras Gesicht verdüsterte sich. »Das war ein Schuss.«

Pinky starrte Vera an. »Was wird denn hier geschossen?«

»Streunende Wölfe«, sagte Vera finster.

Plötzlich wurde es Pinky ganz komisch im Bauch. »Tun die was?«

Vera schüttelte den Kopf. »Wölfe sind äußerst scheue Tiere und haben mehr Angst vor uns als wir vor ihnen.«

»Aber warum schießt man dann auf sie?«

Vera stand auf. »Das ist eine gute Frage, Pinky.«

Jede Menge Fragen

Als Pinky am nächsten Morgen aufwachte, war schon heller Tag. Gestern hatte sie lange wach gelegen, weil ihr der Knall und Veras Worte nicht aus dem Kopf gegangen waren. Hatte da wirklich jemand auf einen Wolf geschossen? Pinky hatte erst einmal einen Wolf gesehen – auf einem Klassenausflug im Zoo. Einen richtigen Stich hatte ihr sein trüber Blick gegeben. Für Pinky gehörten Tiere in die Freiheit und nicht hinter Gitter.

Ob es im Wildpark, in dem Vera arbeitete, auch Käfige gab? Pinky rieb sich die Augen. Wo steckte ihre Tante überhaupt? Es war schon fünf nach zehn – und zu Hause wurde Pinky immer um Punkt sieben geweckt, sogar in den Ferien. Mama war eben superaktiv und überfiel Pinky schon beim Frühstück mit ihren Plänen für den Tag. Mama und Vera. Zwillingsschwestern. Pinky kicherte. Doch dann kehrten die Zweifel zu-

rück. Der erste Tag war ja gar nicht so übel gewesen. Aber was würde aus den zweiundzwanzig Tagen werden, die noch vor ihr lagen?

Seufzend zog Pinky frische Sachen aus ihrer Reisetasche und schlurfte in die Küche. Auf dem gedeckten Frühstückstisch lag ein Zettel: »Hi Pinky, ich bin einkaufen und wollte dich ausschlafen lassen. Fühl dich wie zu Hause. Deine Vera.«

»Deine Vera«, witzelte Pinky. Sie schmierte sich ein Honigbrot und nahm es mit nach draußen, wo die Sonne so warm schien, dass Pinky ihre rosa Sweatshirtjacke gleich wieder auszog.

Im Garten roch es nach frisch gemähtem Gras, nach Blumen und nach Kräutern. Pinky leckte sich den Honig von den Fingern, der vom Brot herabgetropft war, und ließ sich in die Hängematte fallen. Über ihr, im Apfelbaum, zwitscherten zwei Vögel und irgendwo in der Ferne muhte eine Kuh. Ja, schön war es hier wirklich – und eigentlich auch schöner als in den teuren Clubhotels, in denen Pinky sonst mit ihren Eltern Urlaub machte. Aber da gabs wenigstens ein

Unterhaltungsprogramm und vor allem: jede Menge Kinder. Wenn die Dorfkinder außer diesem Daniel alle im Urlaub waren, was sollte Pinky dann den ganzen Tag mit sich anfangen? Blumen pflücken und mit den Vögeln um die Wette zwitschern? Nicht gerade spannende Aussichten.

Pinky beschloss, sich ein wenig die Gegend anzusehen. Vielleicht war ja doch irgendwo was los. Mit ihrem angebissenen Honigbrot in der einen und einer dicken Erdbeere in der anderen Hand trabte sie den Weg hinab zur Dorfstraße.

In einem Hof gackerten Hühner, eine Bäuerin mit Kopftuch und Schürze fegte die Toreinfahrt und auf einer Fensterbank putzte sich eine getigerte Katze das Fell. Als Pinky auf sie zuging, sprang sie maunzend davon.

»Dann halt nicht«, sagte Pinky und trottete weiter, vorbei an schwarz-weißen Fachwerkhäusern, einer heruntergekommenen Dorfkneipe und einem winzigen Krämerladen, vor dem eine alte Frau auf der Bank saß und schlief.

Vor einer Weide, auf der Schafe grasten, blieb Pinky stehen.

»Määääh«, machte sie, worauf eins der Schafe den Kopf hob. Wiederkäuend sah es Pinky aus seinen schwarzen Augen an. Plötzlich kam sich Pinky in ihrem knallrosa Rock und ihrem Glitzer-T-Shirt richtig komisch vor.

Glotz nicht so blöd, wollte sie gerade zu dem Schaf sagen, als sie hinter sich Schritte hörte. Pinky drehte sich um. Daniel! Was war denn mit dem los? Völlig gehetzt sah er aus. Die Locken klebten ihm an der Stirn, als er auf Pinky zurannte – so schnell, dass sie nicht mal mehr Zeit hatte auszuweichen. Zack, hatte Daniel sie an der Schulter gerempelt .

»He!«, rief Pinky empört. Aber Daniel beachtete sie überhaupt nicht. Pinky starrte ihm nach und stutzte – in seiner Hand hielt er eine Nuckelflasche!

Hatte sie richtig gesehen? Pinky rieb sich die Augen. Daniel war schon in den Waldpfad eingebogen. Ohne nachzudenken, rannte Pinky hinterher. Der Weg war holprig und Pinky fluchte, weil ihr ständig kleine Steinchen in die pinkfarbenen Sandalen rutschten. Die Absätze machten das Laufen auch nicht gerade einfach.

»Mist!« Pinky blieb stehen und strich sich die Haare aus dem Gesicht. Daniel hatte einen Riesenvorsprung, den würde sie niemals aufholen. Schon gar nicht mit diesen Schuhen! Richtig weh taten ihr die Füße. So was Blödes. Sie schüttelte die Steinchen aus den Sandalen, strich ihr T-Shirt glatt und ging zurück nach Hause.

Mittags gab es Nudeln mit Tomatensauce. Pinky musterte ihre Tante aus den Augenwinkeln. Auch heute trug Vera wieder ihr Kartoffelsackkleid. Um ihre Haare hatte sie ein schmuddeliges Tuch gewickelt. Das Ding sieht aus wie ein windschiefer Turban, dachte Pinky. Laut fragte sie: »Wieso hast du mich eigentlich eingeladen? Du kennst mich doch nicht mal.«

»Eben deshalb«, sagte Vera. »Auf die Tochter meiner Zwillingsschwester war ich schon immer neugierig. Aber als ich euch besucht habe, warst du auf Klassenreise. Und die Jahre davor war ich auf Reisen. Jetzt habe ich endlich ein Zuhause. Als deine Mama mir erzählte, dass sie mit deinem Vater auf die Messe wollte, hab ich ihr ange-

boten, dich zu mir zu nehmen. Außerdem dachte ich, es könnte dir hier gefallen. Warte mal, bis du den Wildpark siehst. Deine Mutter sagte, du magst Tiere.«

Und wie, dachte Pinky. Vor allem wilde Tiere, die sie bis jetzt nur im Fernsehen oder im Zoo gesehen hatte. »Was gibts denn für Tiere in deinem Gehege?«, fragte sie anstelle einer Antwort.

»Oh jede Menge!« Vera geriet ins Schwärmen. »Waschbären, Moschusochsen, Steinadler, Schneeleoparden, Wölfe ...«

Wölfe? Pinky zuckte zusammen. Der Schuss im Wald fiel ihr wieder ein.

»... Murmeltiere, Heidschnucken, girgentanische Ziegen, ungarische Zackelschafe, Birkhühner, Gänsegeier, Schleiereulen ...«, Vera war kaum zu bremsen.

»Sag mal, ist es im Wald eigentlich gefährlich?«, unterbrach Pinky den Wortschwall ihrer Tante.

»Du meinst wegen des Schusses gestern Nacht?« Vera hielt inne, doch gleich darauf beruhigte sie Pinky. »Da mach dir mal keine Sorgen. So was ist zum Glück eine Ausnahme. Und

vor streunenden Wölfen brauchst du auch keine Angst zu haben. Ich hab dir doch gesagt, die tun Menschen nichts. Wenn du magst, stelle ich dir nächste Woche mal unser Wolfspaar im Gehege vor. Heute«, Vera schob die Teller zusammen, »muss ich Holz hacken. Hilfst du mir?«

Pinky schüttelte heftig mit dem Kopf. Zum Arbeiten war sie nun wirklich nicht hierher gekommen. Sie legte sich in die Hängematte, schlürfte frische Erdbeermilch und sah ihrer Tante dabei zu, wie sie riesige Holzklötze zu Brennholz verarbeitete. Wie kräftig Vera war. Und wie sicher sie die Axt in ihren Händen hielt. Als Pinky versuchte, sich Mama beim Holzhacken vorzustellen, fiel sie vor Lachen fast aus der Hängematte.

Doch was Pinky an diesem Nachmittag am meisten beschäftigte, waren Veras Worte über streunende Wölfe. Und der Schuss aus dem Wald. Und Daniel, der Junge mit der Nuckelflasche.

Die Entdeckung im Wald

Vera saß mit einer Tasse Kaffee im Garten, als Pinky am nächsten Morgen um halb elf in den Garten geschlurft kam. Sie war noch im Nachthemd, genau wie ihre Tante. Nur dass Veras Nachthemd ein riesiges Männerhemd mit abgeschnittenen Ärmeln war und Pinkys Nachthemd aus reiner Pariser Seide. Ein Geschenk, das Mama von ihrer letzten Modemesse mitgebracht hatte.

Vera schob Pinky ein Brett mit frisch gebackenem Brot hin. Es duftete wunderbar. »Na? Worauf hast du heute Lust?«

Pinky goss sich ein Glas Saft ein. Unternehmungslustig fühlte sie sich schon, besonders nach dem gestrigen Nachmittag. Ob Vera ihr heute schon den Wildpark zeigen würde?

»Vielleicht ...«, setzte Pinky an, doch da wurde sie abgelenkt. Wer rannte denn da unten die Dorfstraße entlang? Neugierig reckte Pinky den

Hals um besser zu sehen. War das nicht wieder dieser Junge?

Der Wildpark war vergessen. Pinky sprang auf, raste in ihr Zimmer und wühlte in ihrer Reisetasche. Blöd, einfach saublöd war sie gewesen, nur die schicken Anziehsachen einzupacken. Es war reiner Trotz gewesen. Ein Rock nach dem anderen flog aus der Tasche – und plötzlich lachte Pinky laut auf. Da lagen ihre Turnschuhe und ihre alte Jeans. Papa! Nur er konnte das in ihre Tasche geschmuggelt haben. Mama wäre auf eine solche Idee nie gekommen.

Zwei Minuten später schoss Pinky aus dem Haus. »Ich geh spazieren«, rief sie. Und sauste zur Dorfstraße. Endlich konnte sie wieder richtig rennen.

Erst im letzten Moment bemerkte sie Daniels Großvater, doch es war zu spät, sie stießen zusammen.

»Tschuldigung«, murmelte Pinky mit rotem Kopf und rieb sich den Ellenbogen. Ganz schön knochig der Alte. Und nicht gerade gesprächig. Der Bauer fluchte etwas Unverständliches in seinen Bart hinein. Kurz sah er Pinky aus seinen hellen, klaren Augen an. Dann wandte er sich ab – und Pinky atmete erleichtert auf.

Schnell rannte sie weiter, die Straße entlang bis zum Waldpfad und über eine schmale Brücke in den Wald hinein. Dort schlug ihr Herz nicht nur vom Laufen schneller. Würde sie Daniels Nuckelflaschengeheimnis herausbekommen?

Ein paar Meter weiter teilte sich der Weg und Pinky blieb unschlüssig stehen. In welche Richtung sollte sie jetzt gehen? Nach links, entschied sie. Hier wurde der Wald noch dichter. Es war so still, dass Pinky erschrocken zusammenfuhr, als es plötzlich raschelte. Mucksmäuschenstill stand sie da und horchte. Das Rascheln war ganz in ihrer Nähe gewesen. Da! Beim Hügel. Wieder raschelte es dort. Pinkys Herz raste jetzt. Unten im Hügel war ein Loch. Es sah aus wie ein Eingang ... ein Eingang zu einer Höhle.

Das Rascheln hatte aufgehört und plötzlich wurde Pinky mulmig zumute. Sollte sie lieber wieder umkehren? Nein, das kam nicht infrage. Sie holte Luft, nahm all ihren Mut zusammen und schlich so leise sie konnte auf den Hügel zu. Vor dem Eingang ging sie in die Hocke. Als sie vorsichtig in die Höhle lugte, stockte ihr der Atem. Da saß Daniel! Er zuckte zusammen. »Hau ab«, schnauzte er sie an. Seine braunen Augen funkelten so feindselig, dass Pinky zurückwich. Doch dann regte sich auch in ihr die Wut. Was hieß hier *hau ab*?

»Hast du die Höhle etwa gekauft?«, zischte sie angriffslustig.

Daniel fixierte sie. Pinky erwiderte seinen Blick. Stumm starrten sich die beiden an. Daniels Augen verengten sich zu Schlitzen und dann, für den Bruchteil einer Sekunde, sah er beunruhigt nach unten. Hatte er etwas zu verbergen? Pinky folgte seinem Blick. Na klar, die Nuckelflasche. Doch was lag auf seinem Schoß, eingewickelt in eine Decke? Pinky beugte sich vor – und stieß einen leisen Schrei aus.

In der Decke lag ein kleines Tier. Es sah aus wie ein Babyhund ... oder war es etwa: ein Babywolf?

Ein rettender Einfall

Mit offenem Mund starrte Pinky auf das eingewickelte Bündel in Daniels Schoß. Nur das Köpfchen lugte aus der Decke hervor. Das Fell war graubraun und ganz weich. Die Öhrchen schimmerten rosafarben. Die schwarze Nase sah völlig vertrocknet aus und die geschlossenen Augen waren verklebt. Pinky atmete schwer. In die modrig dumpfe Höhle mischte sich der Geruch von Milch – und jetzt war Pinky plötzlich klar, wozu Daniel die Nuckelflasche brauchte.

»Was ist mit ihm?«, flüsterte sie schließlich.

Daniel funkelte sie noch immer feindselig an. Aber um seine Lippen zuckte es. »Was geht dich das an?«

Pinky saß der Schreck in allen Gliedern. Trotzdem. So leicht würde sie sich nicht abwimmeln lassen! »Es geht mich genau so viel an wie dich. Jetzt sag schon, was ist mit dem Tier? Es ist doch ein Wolf, oder?«

Daniel nickte nur.

»Und? Jetzt sag doch mal, was ist passiert? Hat ...« Pinkys Kehle schnürte sich zu, »... hat jemand auf ihn geschossen?«

»Auf ihn nicht.« Daniel hielt den Kopf gesenkt. »Aber auf seine Mutter.«

Pinky erstarrte. »Und wo ist die?«, presste sie hervor.

»Weiter hinten im Wald.«

»Und?« Meine Güte, diesem Jungen musste man ja jedes Wort aus der Nase ziehen. »Ist sie verletzt?«

Daniel schüttelte den Kopf. »Sie lag tot vor der Höhle. Ich hab sie von hier weggetragen. Wollte sie begraben, da hab ich das Junge bemerkt.«

Pinky krampfte die Finger ineinander. »Ist es ...« Weiter kam sie nicht, und diesmal kam die Antwort aus der Decke. Ein jämmerliches, kaum hörbares Fiepen. Pinky schossen Tränen in die Augen. Das Wolfsjunge lebte! Aber es brauchte Hilfe – und zwar so schnell es ging!

»Wir müssen was tun!«, sagte Pinky atemlos.

»Herzlichen Glückwunsch, Frau Neunmalklug!« Daniel warf ihr einen verächtlichen Blick zu. »Verrätst du mir auch, was?«

»Klar.« Pinky stand auf. »Wir bringen ihn zu meiner Tante«, sagte sie mit fester Stimme.

»Zu deiner Tante?« Daniel tippte sich an die Stirn. »Bist du bekloppt?«

»Nein, das bin ich nicht.« Pinky sah Daniel böse an. »Meine Tante ist Tierpflegerin. Die weiß bestimmt, wie wir dem Wölfchen helfen können.«

Schweigend starrte Daniel auf das Wolfsbaby. Er schien mit sich zu kämpfen. Doch als das Wölfchen wieder fiepte, erhob er sich. »Okay«, murmelte er. »Dann los.«

Sie liefen durch den Wald. Daniel hatte das Wölfchen fest in die Decke gewickelt, und als sie auf die Dorfstraße kamen, blickte er sich nach allen Seiten um. Die Straße war leer. Pinky drehte sich noch einmal zum Wald um.

»Ich möchte wirklich wissen, wer auf die Wölfin geschossen hat«, murmelte sie vor sich hin.

Daniel blieb ruckartig stehen. »Mein Scheiß-Großvater, okay?! Und jetzt lass mich endlich in Ruhe mit deiner blöden Fragerei!«

Pinky schwieg erschrocken.

Es war Mittag, die Sonne hatte ihren höchsten Punkt erreicht und strahlte warm auf die Kinder herab. Aber Pinky fröstelte. Und das änderte sich erst, als sie vor Veras Haus ankamen und Pinky ihre Tante im Garten sah.

Erste Hilfe

Vera handelte schnell, ohne viele Fragen zu stellen. Mit sicherem Griff nahm sie Daniel das Wolfsjunge aus dem Arm. Es war kaum größer als ein Kätzchen. Dann wandte sich Vera an Pinky. »Lauf in mein Zimmer. Im Regal, oberste Schublade, liegt eine Heizdecke. Bring sie her.«

Mit einem Satz war Pinky oben. Als sie mit der Decke zurückkam, hatte Daniel den Küchentisch frei geräumt. Pinky legte die Heizdecke darauf, steckte mit zittrigen Fingern den Stecker in die Dose und sah zu, wie Vera das Wolfsjunge auf die Decke legte. Du lieber Gott, wie schlapp es aussah.

Behutsam hob Vera sein Fell an der seitlichen Bauchwand an. Pinky stockte der Atem, als sie sah, wie die Haut einen Moment lang stehen blieb. Das Wölfchen rührte sich nicht, es schien nichts mitzubekommen. Nur sein Atem ging, kaum merklich hob und senkte sich das Fell.

»Warum stand die Haut so hoch?«, flüsterte Pinky.

»Sein Körper ist ausgetrocknet«, erwiderte Vera. »Es hat wahrscheinlich seit Tagen nichts Richtiges zu sich genommen.«

Sie zeigte auf die Nuckelflasche, die aus Daniels Tasche lugte. »Was hast du da reingetan?«

»Kondensmilch mit Wasser«, sagte Daniel. »Aber viel hat es nicht davon getrunken.«

Vera nickte. »Ich muss ins nächste Dorf fahren, zum Tierarzt. Das Junge braucht Spezialmilch und Medikamente, so was hab ich nicht im Haus. Ich werde etwa eine Dreiviertelstunde fort sein. Bis dahin massiert ihr den Körper des Tieres.«

Vera legte Pinkys Hand auf das Fell und drückte sie ganz leicht nach unten. »Langsam kreisen und ganz vorsichtig. Alles klar?«

Pinky und Daniel nickten. Im nächsten Moment ertönte vor dem Haus das scheppernde Geräusch von Veras VW-Bus.

Während sie fort war, legten die Kinder abwechselnd ihre Hände auf den Körper des Wölfchens und immer wieder vergewisserten sie sich

ängstlich, ob es noch atmete. Daniel wirkte beruhigter als vorhin in der Höhle, aber er sagte noch immer nichts. In Pinky wechselte die Angst um das Wölfchen mit ihrem Stolz, die richtige Entscheidung getroffen zu haben. Vera wusste, was zu tun war! Vera. Ihre Tante. Wie anders sich dieser Gedanke plötzlich anfühlte. Wenn sie nur bald zurückkommen würde!

Im Schneckentempo drehte der Zeiger auf der Küchenuhr seine Runden, und als nach einer halben Ewigkeit wieder das Scheppern von Veras Bus ertönte, atmete Pinky auf. Na endlich!

Zurück in der Küche rührte Vera die mitgebrachte Spezialmilch mit abgekochtem Wasser an. Dann schob sie die Kinder zur Seite und zog ein Röhrchen aus ihrer Tasche. Es sah aus wie das Glasröhrchen, aus dem Pinky ihre Nasentropfen bekam, wenn sie Schnupfen hatte. Mit dem Sauger zog Vera die abgekühlte Milch auf und hielt ihn dem Wölfchen hin. »Komm schon«, flüsterte sie. »Du schaffst das. Komm schon!«

Aber das Wölfchen schien seine gesamte Kraft zum Atmen zu brauchen. Pinky biss so fest die

Zähne zusammen, dass es wehtat. Auch Daniels Gesicht war angespannt.

Schließlich nahm Vera die Schnauze des Wölfchens in ihre Hand und zog sie behutsam auseinander. Dann träufelte sie ein paar Tropfen hinein und klappte das Maul wieder zu.

»Ein feuchtes Tuch«, befahl sie. Daniel stand schon an der Spüle. Er ließ Wasser über ein Handtuch laufen, wrang es aus und brachte es Vera. Sie legte es auf das Fell des Wölfchens und massierte erneut den kleinen Körper. Aber das Wölfchen rührte sich noch immer nicht und Pinky konnte den jämmerlichen Anblick kaum ertragen. »Er schafft es doch, nicht wahr?«, fragte sie ängstlich.

Anstelle einer Antwort hob Vera das Handtuch hoch. Pinky rümpfte die Nase. Was roch denn da so komisch?

»Verdammt!« Vera legte das Handtuch zur Seite. »Er hat Durchfall. Das ist nicht gut.«

»Warum?« Pinkys Herz hämmerte. »Was bedeutetet das?«

Vera seufzte. »Er hat wohl die Kondensmilch nicht vertragen.«

»Heißt das ... er stirbt?«, fragte Daniel. In seinen Augen spiegelte sich seine Angst und Vera drehte sich zu ihnen um. »Wenn er kleiner wäre, hätte ich nicht viel Hoffnung. Aber das Junge ist mindestens drei Wochen alt, da kann es schon einiges verkraften. Seltsam eigentlich«, Pinkys Tante runzelte die Stirn. »Normalerweise bringen die Wölfinnen ihre Welpen schon im April oder Anfang Mai zur Welt. Es scheint ein später Wurf gewesen zu sein. Egal – die Hauptsache ist, dass der kleine Wolf die Milch annimmt und dass der Durchfall aufhört. Ich gebe ihm jetzt eine Medizin. Und dann müssen wir hoffen.« Vera sah den beiden Kindern fest in die Augen. »Gedanken haben eine große Kraft. Deshalb brauchen wir jetzt vor allem gute Gedanken. Okay?«

Pinky nickte beruhigt. Veras Worte wirkten wie Medizin. Sie taten gut. Als Pinky den Blick ihrer Tante erwiderte, fühlte sie sich plötzlich auf ebenso seltsame wie wunderbare Weise zu Hause.

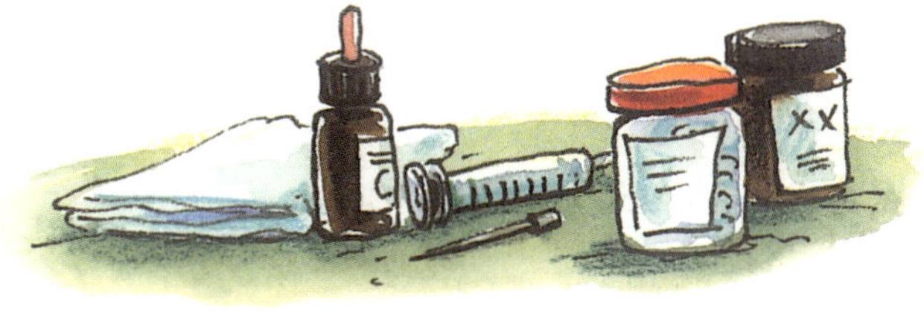

Warten und hoffen

Obwohl kaum etwas geschah, waren die nächsten Stunden die aufregendsten in Pinkys ganzem Leben. Elektrolyte nannte Vera die Stoffe, die sie dem Wölfchen spritzte. »Sie helfen seinem Körper, die verlorene Flüssigkeit wieder aufzufüllen, und schützen ihn vor dem Austrocknen«, erklärte sie.

Unermüdlich massierten sie den Körper des Tieres und immer wieder flößte Vera Milch in seine winzige Schnauze. Dazu bekam er Vitamine, die ihn stärken sollten. Aber davon war zunächst nicht viel zu sehen. Stunde um Stunde verging, und schließlich erhob sich Vera seufzend von ihrem Stuhl.

»Ich glaube es wird Zeit, dass wir etwas essen«, sagte sie. »Es sind noch Nudeln von gestern übrig, ich mach sie warm, okay?«

Daniel schwieg, Pinky nickte. Erst jetzt bemerkte sie das Zwicken in ihrem Magen. Sie hatte ja nicht einmal gefrühstückt. »Andere Welpen habt ihr nicht in der Höhle gefunden?«, fragte Vera, als sie zu dritt im Garten saßen. Das Wölfchen hatten sie zusammen mit der Heizdecke in einen Korb gebettet.

Daniel schüttelte den Kopf. »Nur das eine«, murmelte er. »Es hockte vorn am Eingang und war schon ziemlich schwach. Aber nach hinten wurde die Höhle immer enger, da konnte ich nicht weiter. Ich ...« Er brach ab und senkte den Kopf.

Vera lächelte ihn ermutigend an. »Du hast genau das Richtige getan. Und unserem Wölfchen hast du« – Vera legte ihre Hand auf Pinkys Arm – »habt ihr damit das Leben gerettet.«

Daniel und Pinky wechselten einen langen Blick. Daniels Augen glänzten. In Pinky stieg ein Glücksgefühl auf. Ja, das hatten sie!

Als Pinky kurz darauf nach oben lief, um sich ein Sweatshirt zu holen, blieb ihr Blick am Foto des Babylöwen hängen. Nachdenklich kam sie zurück in den Garten. »Hast du den Löwen fotografiert, Vera?«

Ihre Tante nickte. »Kumba war auch ein Waisenkind«, erzählte sie. »Seine Mutter starb kurz nach seiner Geburt und ich habe ihn großgezogen. Er war nicht viel größer als unser kleines Wölfchen und ich weiß noch, wie er in seinen ersten Lebenstagen stundenlang an meinem Finger genuckelt hat. Als ich Afrika verließ, war aus Kumba ein stolzer Löwe geworden, der inzwischen sicherlich seine eigene Familie hat.« Veras Blick schweifte in die Ferne, während Daniels Augen an ihrem Gesicht hingen, groß und staunend.

Auch Pinky sah ihre Tante an, die über ihren abgeschnittenen Hosen ein riesiges Holzfällerhemd trug. Ihre struppigen Haare erinnerten an einen abgenutzten Besen. Aber sie hatte wunderschöne Augen, und ihr Lächeln, dachte Pinky, war warm und weich.

Als die drei nach dem Essen wieder um das Lager ihres Schützlings saßen, hatte das Wölfchen noch seine Augen geschlossen. Aber irgendwie kam es Pinky kräftiger vor.

»Warst du ... in vielen Ländern?«, fragte Daniel. Seine Stimme klang scheu, aber sein Interesse war spürbar – und Pinky erging es nicht anders.

Voller Neugier rückte sie an ihre Tante heran. »Erzähl!«

Vera kraulte den Kopf des Wölfchens und erzählte. In unzähligen Ländern war sie gewesen, in vielen hatte sie gelebt. Am besten hatte es ihr in Indien und Afrika gefallen und Pinky hörte so gebannt zu, dass sie stellenweise das Wölfchen vergaß. Gerade berichtete Vera von ihrem ersten Ritt auf einem Elefanten, als Daniel nach Luft schnappte. »Der Wolf! Er ...«

Jetzt sprang auch Pinky auf. »Er wacht auf!« Vor Freude griff sie nach Daniels Hand. Im ersten Moment zuckte er zurück. Dann erwiderte er Pinkys Händedruck.

Tatsächlich! Ganz langsam öffnete das Wölfchen die Augen und versuchte, seinen Kopf zu heben. Ein Stück gelang es ihm, doch dann sank es zurück auf die Decke.

Vera lief zum Herd und kochte neues Wasser auf. »Komm schon«, flüsterte sie wieder und hielt dem Wölfchen die Spitze des Röhrchens hin. »Komm schon, du schaffst es. Komm schon.« Ihre Worte klangen wie eine Zauberformel. Und diesmal wirkten sie! Mit seiner winzi-

gen rosa Zunge fing das Wölfchen an, das Röhrchen abzulecken, und hatte nach wenigen Sekunden den gesamten Inhalt zu sich genommen. Auch die zweite und dritte Portion nahm es auf diese Weise zu sich und Pinky hätte vor Freude am liebsten laut geschrien.

»Wenn er die Milch behält, ist er über den Berg«, sagte Vera. Pinky strahlte und Daniel atmete erleichtert auf. Im nächsten Moment erhob er sich. »Ich muss los«, murmelte er.

Jetzt schon? Enttäuscht sah Pinky zu ihm auf, und als Daniel sich zum Gehen wandte, platzte es aus ihr heraus. »Kommst du morgen wieder?«

Daniel zuckte die Achseln und schielte unsicher zu Vera. Die schenkte ihm ein breites Lächeln »Du bist immer willkommen!«

Daniel verschwand wortlos. Pinky wusste, er würde wiederkommen. Und sie merkte, dass sie sich darüber freute.

Sonntag

Nach seiner ersten selbständig eingenommenen Mahlzeit war das Wölfchen sofort wieder eingeschlafen. Die Milch war ihm bekommen und Durchfall hatte es auch nicht mehr. Pinky und Vera hatten es sich in der Kissenecke gemütlich gemacht.

»Habt ihr als Kinder eigentlich viel zusammen gespielt, Mama und du?«, wollte Pinky wissen. Vera beugte sich über den Korb. »Eigentlich kaum. Deine Mama war ständig mit ihren Puppen beschäftigt, während ich am liebsten im Garten hockte und nach Regenwürmern grub. Aber wenn deine Mama von älteren Jungs geärgert wurde, hat sie mich immer gerufen.«

»Und?« Pinky musste grinsen. »Hast du sie verkloppt?«

Vera lachte. »Na klar hab ich das. Für meine Schwester hätte ich alles getan. Sie aber auch für mich. Wenn sich ihre Freundinnen über mich lustig machten, konnte deine Mama fuchsteufelswild werden. Und wenn ich Hausarrest hatte, hat sie mir mit ihren Puppen eine Modenschau vorgeführt.«

Pinky kicherte. »Kann ich mir lebhaft vorstellen.« Dann musste sie gähnen und sah auf die Uhr. Es war schon nach Mitternacht.

»Geh schlafen«, sagte Vera.

»Und du?« Pinky gähnte zum zweiten Mal.

»Ich bleib noch ein wenig hier bei unserem Schützling«, sagte Vera.

An der Tür drehte Pinky sich zu ihrer Tante um. »Daniels Großvater hat die Wolfsmutter erschossen.«

Vera nickte langsam. »Ich dachte es mir schon«, sagte sie.

Tief in Gedanken versunken ging Pinky ins Bett.

Als sie am nächsten Morgen ins Wohnzimmer kam, saß Vera noch immer in der Kissenecke. Neben ihr hockte Daniel. Pinky jubelte innerlich. Sie hat ihn gar nicht kommen gehört, weil sie mal wieder wie ein Stein geschlafen hat. Vera dagegen hatte tiefe Schatten unter den Augen.

Bewundernd sah Pinky ihre Tante an. Hatte sie die ganze Nacht gewacht?

»Wie geht es ihm?« Mit einem Satz war Pinky bei den anderen.

»Sieh selbst«, sagte Vera, und als Pinky sich über den Korb beugte, schlug ihr Herz einen Purzelbaum. Das Wölfchen schlief noch immer – oder schon wieder. Aber es sah ganz anders aus als gestern Abend. Sein Fell wirkte nicht mehr so stumpf, der Atem ging tief und regelmäßig und selbst im Schlaf wirkte es lebendiger.

Vera lächelte. »Unser kleiner Patient ist dabei, sich gesund zu schlafen. Er hat prima getrunken und scheint inzwischen auch zu wissen, wo er ist. Aber jetzt muss ich machen, dass ich zur Arbeit komme. Eigentlich wollte ich dich heute mit ins Gehege nehmen, Pinky. Doch jetzt ...,« Vera gähnte, »muss ich euch bitten, Wache zu halten. Ich komme erst am Nachmittag zurück. Meint ihr, dass ihr zurechtkommt?«

Pinky schielte zu Daniel. Er grinste und Pinky grinste erleichtert zurück. »Klar.«

Vera erhob sich. »Gebt ihm von der Milch, wenn er aufwacht. Ich glaube, die kann er schon aus der Schale trinken. Aber seid behutsam. An mich hat er sich über Nacht ein wenig gewöhnt und vor euch hat er sicher noch Angst. Wenn ihr Fragen habt, ruft an. Die Nummer liegt neben dem Telefon.«

Als Vera weg war, hockten sich Pinky und Daniel vor den Korb und starrten gespannt auf den kleinen Wolf, der sich zusammengerollt hatte.

»Woher weißt du eigentlich, dass es dein Großvater war? Mit dem Schuss auf die Wölfin, meine ich?« Pinky stellte die Frage zögernd und wagte nicht, Daniel dabei anzuschauen.

»Weil mein Opa nicht zu Hause war, als es im Wald geknallt hat. Und als ich in die Scheune lief, war sein Gewehr auch weg.« Daniel seufzte, als schmerzte ihn ein Gedanke. »Vor ein paar Jahren hat ein wildernder Hund unsere Schafherde angefallen«, sagte er. »Der kam auch aus dem Wald. Sieben Tiere hat das Viech gerissen. Das war kein schöner Anblick, kann ich dir sagen. Seitdem droht mein Opa jedes Tier zu erschießen, das sich in die Nähe des Dorfes wagt. Und von weitem kann man einen Wolf von wildernden Hunden kaum unterscheiden. Trotzdem …« Daniels Augen verengten sich. »Er hätte das nicht tun dürfen!«

Pinky nagte an ihrer Unterlippe. Daniel sah plötzlich so traurig aus, dass sie das Thema wechselte. »Mensch, das Wölfchen schläft ja ganz schön lange, was?«

Daniel zuckte die Schultern – und im selben Moment öffnete der kleine Wolf die Augen. Er blinzelte, dann gähnte er, lange und ausgiebig. Messerscharfe Zähne blitzten den Kindern entgegen.

»Komm«, Pinky zog Daniel aufgeregt am Ärmel, »lass uns die Milch holen!«

In der Küche stand alles bereit, und als die Kinder kurz darauf mit einer gefüllten Schale zurück ins Wohnzimmer kamen, fühlte Pinky sich wie kurz vor Weihnachten. Aber als sie die Schale vor dem Korb absetzte, erschrak sie so, dass die Milch in hohem Bogen auf den Boden schwappte.

Der kleine Wolf war weg! Käsebleich sahen sich die Kinder an. »Wo, wie …«, stammelte Pinky und ließ sich auf die Kissen sinken. Daniel

ging in die Hocke – und grinste über beide Ohren. Er legte den Finger an den Mund und zeigte zum Tisch. Darunter hockte der Wolf und sah die Kinder aus großen Augen an. Daniel nahm die Schale, in der noch ein Rest Milch vorhanden war. Lautlos kroch er auf das Wölfchen zu. »Na komm«, lockte er ihn sanft, »es gibt was zu trinken.«

Das Wölfchen wich zurück.

»Warum zieht es die Ohren so nach unten?«, wisperte Pinky.

»Es hat Angst vor uns«, sagte Daniel leise. Dann klapperte er mit der Schale. »Komm schon, kleiner Wolf. Du brauchst dich nicht zu fürchten. Wir sind deine Freunde, genau wie Vera.«

Das Wölfchen neigte kaum merklich den Kopf, als versuchte es, Daniels Worte zu verstehen. Der stellte die Schale ab und kroch zurück zu den Kissen, wo Pinky mit angehaltenem Atem saß.

Minutenlang saß das Wölfchen da und blickte zwischen den Kindern und der Milchschale hin und her. Und schließlich, ganz vorsichtig, be-

wegte es sich auf die Schale zu, lugte ein letztes Mal in die Richtung der Kinder – und fing an zu trinken.

»Oh, Daniel«, flüsterte Pinky, »schau doch, wie süß!«

Daniel nickte nur, und als der kleine Wolf die Milch leer getrunken hatte, begann er, im sicheren Abstand zu Pinky und Daniel, seine neue Umgebung zu erkunden. Er wirkte noch ziemlich schwach auf den Beinen, aber seine Neugier schien geweckt zu sein. Trotzdem blieb er schreckhaft. Immer wieder drehte er sich mit gespitzten Ohren zu den beiden um. Jedes Mal, wenn Pinky sich rühren wollte, hob Daniel warnend die Hand. Pinky stöhnte. Ihr wurden langsam die Glieder steif.

Aber das Warten lohnte sich. Nachdem das Wölfchen jeden Zentimeter im vorderen Teil des Wohnzimmers beschnüffelt hatte, sah es noch einmal zu Pinky und Daniel. Diesmal länger. Die Ohren legte es dabei wieder leicht zurück, die kurzen Beinchen waren eingeknickt und in seinen kugelrunden Augen stand noch immer das Misstrauen.

Still saß Pinky da. Nur ihr Herz hämmerte. Daniel streckte langsam seine Hand aus, rieb Daumen und Zeigefinger aneinander und machte ein leises, schnalzendes Geräusch. Das Wölfchen klappte eines der Ohren nach vorn – und tapste näher. Und näher. Bis es dicht vor den Kindern stand und an Daniels Hand schnupperte. Im nächsten Moment machte es einen Sprung zurück. Pinky biss sich auf die Unterlippe. Zögernd streckte auch sie die Hand aus. Das Wölfchen duckte sich und wich noch weiter nach hinten. Aber kurz darauf wagte es sich wieder vor. Als seine kühle Nase Pinkys Finger berührte, breitete sich ein wunderbar warmes Glücksgefühl in ihr aus.

Der Bann war gebrochen – und der Rest des Tages wurde ein richtiges Fest. Das Zutrauen des Wölfchens wuchs mit jeder Stunde. Immer öfter machte es ein paar hopsende Bewegungen auf die Kinder zu, beschnupperte sie – und ein Mal wedelte es sogar mit seinem winzigen Schwanz. Nur als Pinky es streicheln wollte, rannte es ängstlich weg.

Als Vera am Nachmittag zurück nach Hause

kam, lag der kleine Wolf eingerollt in seinem Korb und hielt nach einer ausgiebigen Milchmahlzeit seinen Nachmittagsschlaf.

»Wir sollten ihm einen Namen geben«, schlug Pinky vor, nachdem sie Vera alles erzählt hatten. Sie saßen im Garten und aßen köstliche Speckpfannkuchen mit Salat.

»Gute Idee«, sagte Vera. »Habt ihr schon einen auf Lager?« Pinky überlegte. »Wie wäre es mit Wölfi«, sagte sie, aber Daniel verzog das Gesicht. »Sonntag«, sagte er. »Wir nennen ihn Sonntag. Weil wir ihn doch an einem Sonntag gefunden haben.«

Vera lächelte und Pinky nickte. »Sonntag klingt klasse.«

Dann sah sie Vera an. »Bleibt Sonntag jetzt bei uns?«

Vera schüttelte den Kopf. »Das geht leider nicht. Auch wenn Sonntag wirklich sehr schnell Zutrauen zu uns gefasst hat. Ein Wolf ist ein wildes Tier und gehört einfach nicht unter Menschen.«

»Aber wir können ihn doch nicht einfach wieder im Wald aussetzen«, rief Pinky. »Er ist doch noch ein Baby!« Auch Daniel machte ein erschrockenes Gesicht.

»Das ist mir schon klar.« Vera rieb sich die Nase. »Aber vielleicht lässt sich bei uns im Gehege etwas machen. Unser Wolfspaar dort ...« Vera hielt inne. »Lasst mich darüber nachdenken. »Und für die nächsten Wochen«, sie lächelte die Kinder an, »bleibt Sonntag auf jeden Fall bei uns. Vorausgesetzt, ihr passt auf ihn auf.«

Pinky und Daniel nickten sich erleichtert zu. Dass sie auf Sonntag aufpassen würden, war ja wohl so klar wie Kloßbrühe.

Ein Tag im Garten

Wo blieb bloß Daniel? Bestimmt zum zehnten Mal an diesem Morgen sah Pinky auf die Uhr. Heute war sie schon um sieben aufgestanden und saß jetzt im Garten auf einer Decke, während Sonntag einem Schmetterling hinterherhüpfte. Er hatte sich so schnell erholt, dass Vera keine Bedenken hatte, ihn rauszulassen, zumal ihr Grundstück sicher umzäunt war. »Achtet nur darauf, dass das Gartentor geschlossen bleibt«, warnte sie, bevor sie das Haus verließ.

Das hatte Pinky versprochen – und war gespannt, was Daniel dazu sagen würde, dass ihr kleiner Freund jetzt richtig Auslauf hatte. Aber Daniel hatte sich noch immer nicht blicken lassen und langsam wurde Pinky unruhig. Gestern war er bereits um acht hier gewesen – und selbst um diese Zeit hatte Pinky ihn voller Ungeduld erwartet. Jetzt war es gleich halb zwölf und ... na endlich! Daniels Kopf erschien am Gartentor, und als er in den Garten kam, stutzte Pinky. Seine Hosen waren völlig verdreckt und seine Haare klebten ihm schweißnass auf der Stirn. In der Hand hielt er einen Spaten.

»Wo hast du dich denn rumgetrieben?«, fragte Pinky stirnrunzelnd. »Und warum kommst du überhaupt so spät?«

Daniel hockte sich neben sie ins Gras und beobachtete Sonntag, der seine Nase in Veras Gemüsebeet vergraben hatte.

»Ich war im Wald«, sagte er schließlich. »Hab die Wölfin begraben.«

»Oh.« Pinky senkte den Kopf. Die Wölfin hatte sie ganz vergessen. »Meinst du, Sonntag vermisst seine Mutter?«

»Keine Ahnung.« Daniel zuckte mit den Schultern und plötzlich musste Pinky daran denken, dass auch Daniel keine Eltern mehr hatte. Ein Leben ohne Mama und ohne Papa, das war einfach unvorstellbar für sie.

»Hast du eigentlich noch Geschwister?«, fragte sie leise.

»Einen Bruder.«

Daniel rupfte einen Grashalm aus und kaute daran. »Aber der ist schon zwanzig und studiert in Hamburg.«

»In Hamburg?« Pinky starrte Daniel an. »Mensch, da komm ich her!«

»Echt?« Daniels Augen leuchteten auf.

Pinky klemmte eine lose Haarsträhne mit der Glitzerspange fest. »Ja, Hamburg ist klasse. Warst du schon mal da?«

»Nee.« Daniels Gesicht wurde wieder finster. »Mein Opa sagt, die Zugfahrt ist zu teuer. Mit Geld haben wir es nicht so dicke.«

Pinky sah Daniel mitfühlend an. »Ist dein Großvater eigentlich immer so griesgrämig?«

Daniel schüttelte den Kopf. »Im Grunde ist er gar nicht so übel. Er ist halt ein ziemlicher Eigenbrötler, aber für mich hat er immer gut gesorgt. Als ich klein war, hat er sogar an meinem Bett gesessen und mir Märchen erzählt.« Daniel grinste. »Vom bösen Wolf und den sieben Geißlein zum Beispiel.«

Pinky prustete los und Daniel lachte mit. »Aber deine Tante«, sagte er dann, »die hat ja wohl richtig coole Geschichten erlebt. Eine Weltreise! Die Frau ist echt schwer in Ordnung.«

Pinky wischte sich die Lachtränen aus den Augen und nickte. Noch vor ein paar Tagen hätte sie Daniel heftig widersprochen. Aber jetzt sah alles anders aus.

»Hey, guck mal«, Daniel deutete auf das Gemüsebeet. »Ich glaub, heut gibts Radieschen zum Abendbrot.«

»He – Sonntag! Was machst du denn da?!« Pinky sprang auf und raste zum Gemüsebeet. Innerhalb von Sekunden hatte Sonntag die gesamte Erde aufgebuddelt und die Radieschen lagen um ihn herum auf der Wiese und dem Gehweg verstreut.

Pinky seufzte auf. »Na, das kann ja heiter werden.«

Und das wurde es auch! In Sonntag war der Spieltrieb erwacht und seine Entdeckerfreude kannte keine Grenzen. Mit allem, was sich bewegte, wollte der kleine Wolf spielen. Die Grashalme, die im Wind tanzten. Veras Tulpen, Käfer, Regenwürmer, Schmetterlinge. Und der gelbe Tennisball, den Daniel mitgebracht hatte. Ausgelassen rannte Sonntag hinter ihm her und stupste ihn mit seinen Pfoten zurück zu den Kindern, die nicht müde wurden, ihn immer wieder zu werfen.

»Hat deine Tante einen Gartenschlauch oder so was?«, fragte Daniel, während Sonntag seine Mittagsmilch aus der Schale schleckte. Die Sonne stand jetzt genau über ihnen, und es war so heiß wie im Hochsommer.

»Bestimmt.« Pinky verschwand im Gartenhäuschen und kam mit einem Schlauch zurück. »Weißt du, wie so 'n Ding funktioniert?«

Daniel grinste. »Na logo.« Er stand auf, schloss das Ende des Schlauches an einem Wasserhahn vor Veras Haus an und drehte das andere Ende auf. Das Wasser schoss heraus und Sonntag hob erschrocken den Kopf. Doch als Daniel mit seinem Finger den Strahl zu einer Fontäne werden ließ, raste der kleine Wolf auf ihn zu. Wie ein Springball hopste er in die Fontäne und versuchte mit seinen Tatzen nach den schillernden Tropfen zu greifen. Pinky hielt sich vor Lachen den Bauch – und kreischte im nächsten Moment laut auf. Daniel hatte den Schlauch auf sie gerichtet und spritzte sie pitschenass.

»Na warte«, schrie sie kampflustig und rannte

auf Daniel zu, um ihm den Schlauch aus der Hand zu reißen. Aber in der Bewegung hielt sie plötzlich inne und riss entsetzt die Augen auf. Vor dem Gartentor stand – Daniels Großvater.

Daniel verstand Pinkys Ausdruck sofort. Er ließ den Schlauch sinken und blickte sich verzweifelt nach Sonntag um. Doch der schien die Gefahr instinktiv erkannt zu haben. Wie der Blitz war er hinter der geöffneten Tür im Haus verschwunden. Mit klopfendem Herzen drehte sich Pinky zum Zaun, wo Daniels Großvater noch immer stand. »Wollt nur wissen, wo du steckst«, sagte er. »Und komm mir nicht zu spät nach Hause, Junge.«

Als er weg war, wischte sich Daniel über die Stirn. »Das war knapp«, stöhnte er. »Das war verdammt knapp.«

Es schneit!

Die folgenden Wochen vergingen nicht – sie flogen. Daniel kam jeden Tag, und die meiste Zeit verbrachten die Kinder mit Sonntag im Garten. Dabei behielten sie die Dorfstraße ständig im Auge. Der kleine Wolf fühlte sich in seinem neuen Revier mit jedem Tag heimischer und würde beim nächsten Mal vielleicht nicht so schnell weglaufen, wenn jemand ans Gartentor kam. Doch zum Glück ließ Daniels Großvater sich nicht mehr blicken – und auch sonst niemand. Jetzt war Pinky sehr erleichtert darüber, dass das Haus ihrer Tante so abgelegen war.

Sonntag wuchs so schnell, dass man fast zusehen konnte. In der letzten Woche hatte er bereits seine erste feste Mahlzeit bekommen. Mit Veras Hilfe hatte Pinky fein gehacktes Hühnerfleisch zubereitet, über das der kleine Wolf mit Heißhunger hergefallen war.

Mit seinem Appetit wuchs auch seine Lust zu

spielen und jeden Gegenstand in Haus und Garten zu untersuchen – am liebsten mit den Zähnen. Sein Lieblingsspielzeug waren Veras Kissen, und als Pinky eines Morgens ins Wohnzimmer kam, blieb sie wie erstarrt im Türrahmen stehen. Es schneite!

Mit seinen spitzen Zähnen hatte Sonntag die Kissen bearbeitet und um ihn herum stoben die Federn durch die Luft. Als der kleine Wolf Pinky sah, neigte er den Kopf. Dann nieste er. Eine Feder hatte ihn an der Nase gekitzelt. Pinky wusste nicht, ob sie lachen oder weinen sollte. Was würde ihre Tante dazu sagen?

Vera sagte gar nichts. Sie lachte. Lachte, bis ihr die Tränen die Wangen herunterliefen, und Pinky konnte es kaum fassen. Wenn so was zu Hause passiert wäre – Mama hätte einen ihrer schlimmsten Anfälle bekommen. Aber das wäre erst gar nicht passiert: Weil Mama nie ein Tier auch nur in die Nähe ihres Hauses lassen würde. Eine warme Welle der Zuneigung stieg in Pinky auf. Sie drehte sich zu Vera um. »Das sind die schönsten Ferien in meinem ganzen Leben«, sagte sie.

Ein Besuch im Gehege

»Bist du so weit?« Vera kam in Pinkys Zimmer und Pinky schnürte sich die Schuhe zu. »Ja. Bin startklar.«

Heute würde sie zum ersten Mal mit ins Gehege fahren. Ihre Tante hatte sie schon ein paar Mal mitnehmen wollen, aber Pinky konnte sich nicht von Sonntag trennen. Doch heute wollte Vera ihr die beiden Wölfe vorstellen, die im Gehege lebten. Es wurde Zeit, dass Sonntag sein neues Zuhause bekam.

Daniel hielt den kleinen Wolf auf dem Arm, als er Vera und Pinky hinterherwinkte. Längst ließ Sonntag sich diese Dinge gefallen. Aber ihn allein zu lassen, war zu gefährlich. Selbst nachts sah Vera nach ihm, damit er das Haus nicht völlig verwüstete, und Pinky hielt ihre Zimmertür immer geschlossen.

Das Gehege war riesig. An die tausend Tierarten lebten hier – und hatten im Unterschied zu ihren Artgenossen im Zoo jede Menge Platz zur Verfügung. Pinky kicherte über die dicken Hängebauchschweine, die frei herumliefen. Im Hühnerhof schlüpften gerade Küken und Pinky hielt den Atem an, als die winzigen Vogeljungen ihre Köpfe aus den Eierschalen streckten, die Augen fest geschlossen, die Schnäbel weit geöffnet. Es gab Murmeltiere und Waschbären, Moschusochsen und Schneeleoparden ... genau wie Vera es damals erzählt hatte. Und in der Sonne lag ein riesiger Braunbär und döste.

Aber am neugierigsten war Pinky auf die Wölfe. Ihr Gehege erstreckte sich über eine weite Fläche und es dauerte eine ganze Weile, bis Pinky die beiden zu Gesicht bekam. Seite an Seite kamen sie aus dem Wald gelaufen.

Vera legte den Finger an den Mund und ging in die Knie. Die Wölfin hielt sich im Hintergrund, aber der Wolf kam fast bis an die Absperrung heran.

»Wie lange leben die beiden denn schon hier?«, fragte Pinky.

»Seit dem Frühling«, sagte Vera. »Die Wölfin hat einer unserer Pfleger an einer Landstraße

gefunden. Sie ist angefahren worden. Aber sie hat überlebt. Der Wolf kommt aus dem Zoo. Wir haben ihn zu uns geholt, damit die Wölfin nicht alleine ist.«

»Und warum haben sie noch keine Jungen?« Pinky kniete neben Vera und ließ die beiden Tiere nicht aus den Augen. Auch die Wölfin war näher gekommen. Wie schön die beiden waren, mit ihrem graubraunen Fell und ihren wachen, bräunlich gelben Augen. Und wie geschmeidig sie sich bewegten.

»Wölfe paaren sich nur einmal im Jahr«, erklärte Vera, »und zwar immer dann, wenn der Winter zu Ende geht und die Tagesstunden länger werden. Diese Zeit war schon vorbei, als die beiden zu uns kamen.« Vera lächelte. »Aber dafür bekommen sie ja bald einen Adoptivsohn.«

Pinky seufzte und Vera erhob sich. »Gleich haben die Greifvögel ihren freien Flug über dem Gehege«, sagte sie. »Es ist ziemlich beeindruckend. Was meinst du? Hast du Lust, es anzuschauen?«

Pinky nickte – und Vera hatte Recht. Einfach

wunderschön sahen die Vögel aus, wie sie mit ihren mächtigen Schwingen über die Köpfe der Zuschauer hinwegflogen und im tiefblauen Himmel ihre Runden drehten.

Trotzdem wanderten Pinkys Gedanken ständig zu Sonntag. Als Vera zu Hause in die Toreinfahrt bog, freute sich Pinky, als hätte sie den kleinen Wolf seit Tagen nicht gesehen.

Daniel erwartete sie im Garten – mit einem seltsamen Gesichtsausdruck. Pinky sprang so schnell aus dem Auto, dass sie fast über den Sicherheitsgurt gestolpert wäre. »Was? Was ist los – wo ist Sonntag?«

Um Daniels Mundwinkel zuckte es und Pinky runzelte die Stirn. Verkniff Daniel sich ein Lachen? Wortlos ging er vor ins Haus. Die Treppen hoch. In den Flur. Und dann ins Gästezimmer. Mist! Pinky schlug sich vor die Stirn. Sie hatte vergessen, die Tür zu schließen. Daniel stieß sie auf.

»Oh«, sagte Vera

»Oh nein!«, sagte Pinky.

Sonntag saß in ihrem Schrankbett. Putzmunter, mit blitzenden Augen. Zwischen seinen Pfoten hielt er Pinkys Lackledertasche – die allerdings nicht mehr wie eine Tasche aussah.

»Das war leider noch nicht alles«, murmelte Daniel und stieß die Tür ganz auf.

»Oh nein«, sagte Pinky noch einmal. In der Ecke lagen die abgerissenen Riemen ihrer Wildledersandalen. Daneben die Absätze. Und ein Stück weiter der völlig zerkaute Rest.

Daniels Mundwinkel zuckten noch stärker. Dann prustete er los.

»Mir scheint, Sonntag mag Pink noch lieber als du«, bemerkte Vera trocken.

Pinky konnte nicht anders. Sie musste lachen. »Die Sandalen waren sowieso unbequem«, sagte sie. »Und für die Rückfahrt musst du mir eben eine Tasche von dir leihen.«

Die Rückfahrt! In wenigen Tagen war ihre Zeit bei Vera vorbei. Und für den Rest der Ferien hatte Mama für sich und Pinky einen Urlaub am Meer gebucht, als Trost für die erste Ferienhälfte. Da gab es kein Zurück mehr.

»Übermorgen ist Sonntag«, sagte Vera. »Ich finde, das ist ein wunderbarer Tag für Sonntags Umzug.«

Pinky und Daniel nickten. Aber froh war ihnen dabei nicht zumute.

Der Umzug

Als Pinky am Sonntagmorgen aus ihrem Schrank stieg, fühlte sie sich seltsam hohl. Vera hatte frisches Rosinenbrot gebacken, aber Pinky brachte keinen Bissen herunter, und Daniel war so schweigsam wie am ersten Tag.

Nur Sonntag war munter und ausgelassen wie immer. Mit wedelndem Schwanz hüpfte er umher, spielte mit den Absätzen von Pinkys Sandalen Fußball und sprang in die blaue Plastikbadewanne, die Vera im Garten für ihn aufgestellt hatte. Das Wasser spritzte nach allen Seiten. Sogar ein Plastikentchen hatte Vera für ihn besorgt, nach dem Sonntag schnappte. Als er es hatte, biss er darauf. Quiiiiiiiitsch, machte das Entchen. Sonntag ließ es zurück ins Wasser platschen, stupste es mit der Pfote an und schnappte erneut nach dem Tier. Quiiiiiiiiiitsch!

Es sah zum Schreien aus, aber diesmal verzog Daniel keine Miene und Pinky brachte nur ein schiefes Lächeln zustande. »Und wenn die Wölfe im Gehege ihn nicht wollen?«, fragte sie Vera zum dritten Mal an diesem Morgen.

»Es wird schon klappen«, wiederholte Vera geduldig. »Ich hab euch doch gesagt, Gedanken haben eine große Kraft. Und gute Gedanken, die brauchen wir jetzt auch. Denn wenn sich Sonntag im Gehege einlebt, können wir ihn dort jederzeit besuchen.« Pinky nickte und Vera stand auf. »Ich hol das Fleisch, damit wir Sonntag in die Transportbox locken können. Holt ihr ihn in der Zwischenzeit aus der Badewanne?«

Pinky und Daniel hockten sich vor die Wanne und starrten ihren Schützling an. Nie hätte Pinky gedacht, dass ihr der Abschied so schwer fallen würde. Sie wusste, dass Vera Recht hatte. Schon jetzt konnten sie Sonntag kaum eine Minute aus dem Auge lassen. Und mit der Zeit würde es unmöglich werden, ihn in Haus und Garten zu halten.

»Ich brauch 'ne Runde frische Luft«, sagte Daniel plötzlich. »Ich lauf einmal ums Haus, dann helf ich dir mit Sonntag.«

Ehe Pinky etwas erwidern konnte, war Daniel

aufgestanden und ging mit hängenden Schultern auf das Gartentor zu. Sonntag hob den Kopf. Seine Glieder spannten sich. Er war in letzter Zeit immer öfter ans Tor gelaufen, auch das war ein Zeichen dafür, dass er mehr Raum brauchte, als Vera ihm bieten konnte.

»Pass auf«, wollte Pinky Daniel gerade zurufen. Aber es war zu spät. Mit einem Satz war Sonntag aus der Wanne gesprungen. Er peste hinter Daniel aus dem Tor und schoss an ihm vorbei den Feldweg entlang.

Daniel war schreckensbleich. Und Pinky blieb das Herz stehen.

Ein schreckliches Ziel

»Los!« Daniel war der Erste, der seine Sprache wieder fand. »Wir müssen ihm nach!« Er sprintete los und Pinky lief ihm hinterher. Sie war barfuß und die Steine bohrten sich grässlich in ihre Füße, doch das merkte sie nicht.

An der Ecke drehte Sonntag sich um. Daniel blieb ruckartig stehen, um den Wolf nicht zu erschrecken. Sonntag lief weiter. Ängstlich sah er nicht aus. Im Gegenteil. Er schien das Ganze für ein Spiel zu halten. Obwohl er noch immer kaum größer war als ein kleiner Hund, war Sonntag unglaublich schnell. Er raste auf die Straße. Zum Glück kam kein Auto, aber Pinky erschrak über die Richtung, die Sonntag eingeschlagen hatte. Er lief nämlich nicht zum Dorf. Er lief in die andere Richtung. Er lief in die Richtung, in der Daniels Großvater wohnte!

Pinky hatte Daniel ein paar Mal auf dem Heimweg begleitet. Sie kannte den Weg. Zielgenau führte die Straße auf den Hof des Großvaters zu. Andere Häuser gab es hier nicht. Aber warum lief Sonntag in diese Richtung? Warum ausgerechnet in diese? Pinky erinnerte sich, was Vera über den ausgeprägten Geruchssinn der Wölfe gesagt hatte. Daniel ging diesen Weg jeden Tag. Vielleicht roch Sonntag seine Spur. Vielleicht war es auch nur ein schrecklicher Zufall, oder – ach zum Teufel, es war doch völlig egal, warum! Entscheidend war, Sonntag aufzuhalten!

Die Straße machte eine Linkskurve. Dann eine Rechtskurve. Und dann ... lag der Hof von Daniels Großvater vor ihnen. Er lag am Ende der Straße, die Scheunentür war geöffnet und Sonntag war keine fünfzig Meter davon entfernt.

Daniel rannte weiter. Pinky blieb stehen. »SOOOOONTAG!«, schrie sie in heller Verzweiflung. Aber Sonntag war bereits in der Scheune verschwunden. Daniel drehte sich zu Pinky um. In seinen braunen Augen blitzte der Schrecken und da erkannte Pinky, wie dumm sie gewesen war, so laut zu schreien.

Wie sagenhaft, wie unglaublich dumm!

Die Scheune

Pinkys Mund war so trocken, dass ihre Zunge am Gaumen klebte. »Ist dein Großvater zu Hause?«, fragte sie schwach.

Daniel nickte. »Und taub ist er zufälligerweise auch nicht.«

Pinky wollte schlucken. Aber es gelang ihr nicht. Der Kloß in ihrem Hals war zu groß. Sie schlich hinter Daniel in die Scheune, den Blick unverwandt auf das Haus gerichtet. Nichts rührte sich. War Daniels Großvater vielleicht doch nicht da? Bittebittebitte, lass ihn fort sein oder ohnmächtig oder irgendwas, betete Pinky. In der Ecke lagen aufgestapelte Heuballen. Gartengeräte lagen und standen herum. Durch die Ritzen fiel das Sonnenlicht. Sonntag war nicht zu sehen. Etwas fiel krachend zu Boden. Pinky zuckte zusammen. Ein Spaten.

Daniel hockte auf dem Boden. Er legte den Finger an die Lippen und zeigte nach vorn. Genau wie zu Beginn, als Sonntag bei Vera im Wohnzimmer unter dem Tisch hockte. Damals hatte Daniel breit gegrinst. Heute tat er das nicht.

Sonntag! Sein graubraunes Köpfchen lugte hinter einem Heuballen hervor. Er kickte etwas mit der Pfote vor sich her. Eine tote Maus.

Daniel kroch auf ihn zu. Langsam. Ganz, ganz langsam. Sonntag neigte den Kopf und versetzte der Maus noch einen Schubs. Dann tapste er Daniel entgegen. Der nahm ihn auf dem Arm. Er presste ihn an seine Brust und vergrub sein Gesicht in Sonntags Fell. Pinky seufzte auf. Geschafft. Oh Mann! Sie hätte heulen können vor Erleichterung.

»Los, lass uns abhauen«, zischte sie. Aber dann sah sie Daniels Augen. Sie waren tellergroß. Und als sich Pinky umdrehte, wusste sie, warum. Es war nicht nur der Großvater, der sie erstarren ließ. Es war auch das Gewehr, das neben der Scheunentür an der Wand hing.

Auge in Auge

Wortlos standen sich die drei gegenüber. Dann machte Daniel einen Schritt auf seinen Großvater zu. Und noch einen, bis er neben ihm stand. Pinky spürte, wie angespannt er war. Sie sah zum Bauern, der einfach nur dastand und den kleinen Wolf fixierte, mit einem, Pinky schluckte, ja, mit einem erschrockenen Gesichtsausdruck.

Auch Sonntag rührte sich nicht. Ganz still saß er in Daniels Arm und sah den Bauern aus seinen glänzenden Augen an. Endlose Sekunden standen sie so da. Dann sagte Daniel: »Du hast seine Mutter erschossen!« Der Bauer hob die Hand. Dann ließ er sie wieder sinken. »Dachte, es war ein tollwütiger Hund«, murmelte er so leise, dass Pinky ihn kaum verstand. »Sie kam mir im Wald entgegen. Und das Junge ... hab doch das Junge nicht gesehn.«

Pinky biss sich auf die Unterlippe. Daniel schwieg.

Langsam spürte Pinky, wie die ganze Angst um Sonntag in ihr zusammenschmolz. »Wir bringen ihn ins Gehege«, sagte sie sanft. »Zu meiner Tante. Die arbeitet da als Tierpflegerin.«

Der Bauer nickte und machte ihnen den Weg frei. »Schon gut. Ich tu ihm doch nix, dem Kleinen.«

Daniel verließ als Erster die Scheune, mit Sonntag auf dem Arm. Sein Großvater sah ihm nach, und als Pinky an ihm vorbeiging, lächelte sie ihn an. Er erwiderte ihr Lächeln nicht, seine Gesichtszüge blieben ernst. Langsam und tief in Gedanken versunken gingen die Kinder zurück zum Haus, wo Vera sie in heller Aufregung erwartete.

Umzugstag

Die Fahrt ins Gehege kam Pinky heute viel länger vor als beim ersten Mal. Nachdem sich die drei von ihrem Schrecken erholt hatten, ging es los. Sonntag in die Transportbox zu locken, war leichter als sie gedacht hatten, aber wohl fühlte sich der kleine Wolf in seinem kurzzeitigen Gefängnis nicht. Immer wieder jaulte er auf und Pinky hätte am liebsten mit eingestimmt. Zögerlich tastete sie nach Daniels Hand, der neben ihr auf dem Rücksitz saß. Er ergriff sie, hielt sie fest umschlossen – und so saßen sie eine ganze Weile schweigend da.

»Kann ich in den Herbstferien wieder kommen?«, fragte Pinky schließlich leise.

Vera strahlte Pinky durch den Rückspiegel an. »Aber ich bitte darum! Ich habe auch schon nachgedacht. Wie wärs, wenn Daniel und ich vor den Herbstferien zusammen mit dem Auto nach Hamburg kämen? Natürlich nur, wenn du Lust hast, Daniel. Pinky hat mir erzählt, dass du in Hamburg einen Bruder hast. Dann könntest du ihn besuchen und ich meine Familie. Und auf dem Rückweg nehmen wir dich dann für die Ferien mit, Pinky. Außer uns gibt es nämlich noch jemand anderen, der dich bestimmt gerne wieder sehen will.«

Daniel hatte schon heftig zu nicken begonnen und drückte Pinkys Hand noch fester. Die wischte sich über die Augen. »Das wär klasse«, sagte sie. »Das wär obersuperspitzenklasse!«

»Na dann«, Vera lenkte ihren VW-Bus durch die Toreinfahrt des Wildparks, »wäre das ja schon mal geklärt.«

Im Wildpark war viel Betrieb. Aber Vera hatte zur Vorsicht vor dem Wolfsgehege eine Absperrung aufstellen lassen, um neugierige Zuschauer fern zu halten. Als Sonntag vor dem Wolfsgehege aus der Box gekrochen kam, wirkte er verängstigt. Kein Wunder, dachte Pinky. Die letzten drei Wochen hatte Sonntag nichts als Veras Haus und Garten gesehen. Und heute gab es gleich drei aufregende Erlebnisse auf einmal: den Ausflug in die Scheune, die erste Autofahrt und nun eine völlig fremde Umgebung. Sicherheitshalber hatte Vera Sonntag vor der Abfahrt Halsband und Leine umgelegt, deren Ende sie jetzt fest in der Hand hielt.

Die Wölfe hatten sich noch nicht blicken lassen, und als sie nach einer ganzen Weile aus dem Wald hervorkamen, hielt Pinky den Atem an. Jetzt wurde es ernst.

Als Sonntag seine beiden Artgenossen näher kommen sah, wurde er sofort ganz aufgeregt. Er zerrte an seiner Leine, seine Ohren waren aufgestellt und sein buschiger Schwanz wedelte wild hin und her. Doch die erwachsenen Wölfe verhielten sich misstrauisch. Nur zögernd kamen sie näher und blieben ein paar Meter vor der Absperrung stehen.

»So. Los gehts.« Vera holte tief Luft, dann öffnete sie vorsichtig die Gattertür, nahm Sonntag das Halsband ab – und ließ ihn frei. Sonntag blieb wie angewurzelt stehen. Dann, mit scheuen Schritten und gesenktem Kopf, tapste er auf die großen Wölfe zu. Einer der beiden bleckte lautlos die Zähne.

»Die Wölfin«, raunte Vera.

Daniel hatte seine Finger in die Gatterdrähte gekrallt und Pinky kaute an ihrem Fingernagel, unter dem sich in den letzten drei Wochen jede Menge Dreck angesammelt hatte. Wie gebannt starrte sie auf Sonntag. Mit geducktem Oberkörper schlich er um die Großen herum. Die Wölfin bleckte wieder die Zähne und gab ein drohendes Knurren von sich. Sie stand ganz gerade und ihre Rute war hoch erhoben. »Aber sie greift ihn nicht an«, flüsterte Vera Pinky zu. »Das ist ein gutes Zeichen.«

Ganz anders als die Wölfin verhielt sich der Wolf. Ihn schien das kleine Wesen, das so demütig um seine Beine herumwuselte, zu rühren. Neugierig senkte er den Kopf, um Sonntag zu beschnuppern – und als ihm der kleine Wolf mutig über die schwarze Nase leckte, war es um den Großen geschehen. Zärtlich stupste er Sonntag an. Pinky, die inzwischen ihren fünften Fingernagel angeknabbert hatte, stieß einen Seufzer aus.

Jetzt kam es nur noch auf die Wölfin an. Sie hatte aufgehört die Zähne zu blecken, hielt sich aber immer noch zurück und knurrte, wenn

Sonntag ihr zu nah kam. Doch der warb mit allen Regeln der Kunst um ihre Anerkennung. Immer wieder legte er das Köpfchen schief, sah zu ihr auf und rollte sich schließlich vor ihr auf den Rücken. Er drehte den Kopf zur Seite und streckte alle viere in die Luft, als wollte er sagen: »Na mach schon! Nimm mich an!«

Da brach auch bei der Wölfin das Eis. Sie kam auf Sonntag zu, beschnupperte ihn – und leckte ihm das Fell.

Vera schloss das Gatter. »Es sieht so aus, als hätte Sonntag sein neues Rudel gefunden«, sagte sie leise. Daniel nickte stumm und Pinky schluckte. In ihr stritten Freude und Abschiedsschmerz und sie konnte nicht sagen, was von beiden größer war.

Die beiden großen Wölfe trabten bereits in Richtung Wald. Sonntag aber blieb stehen und am Rand des Waldes wandte sich der erwachsene Wolf zu ihm um. Er legte die Ohren zurück und heulte. Die Wölfin stimmte ein und Pinky lief eine Gänsehaut über den Rücken herunter. Wie ein Ruf, dachte sie. Es klingt, als wollten sie ihn rufen.

Sonntag blickte zurück zum Gatter. Seine hellbraunen Augen blitzten in der Sonne – und plötzlich legte auch er den Kopf in den Nacken. Er antwortete. Es war das erste Mal, dass Pinky ihn heulen hörte. Es war ein heller, melodischer und wunderschöner Ton, der bestimmt zwanzig Sekunden anhielt. Dann drehte Sonntag sich um und lief den großen Wölfen hinterher.

Pinky, Daniel und Vera blieben am Gatter stehen. Und standen noch da, als Sonntag längst im Wald verschwunden war.

Bis bald

Mit einem Ruck setzte sich der Zug in Bewegung.

Vera klopfte von außen ans Fenster und warf Pinky Kusshände zu. Daniel hob die Hand. Aber Pinky schenkte den beiden nur ein kurzes Kopfnicken. Dann drehte sie sich weg. Dass ihr die Tränen in die Augen schossen, mussten die beiden ja nicht unbedingt mitbekommen.

Es war ein bisschen viel Abschied auf einmal gewesen. Gestern von Sonntag, heute von Daniel und Vera. Pinkys Tante hatte an ihrem letzten Abend noch ein köstliches Festessen gekocht und Daniel hatte bei ihnen übernachten dürfen. Zwei Uhr nachts war es gewesen, als die drei – nach ausgiebigen »Sonntagsgesprächen« – in ihren Betten verschwanden. So lange war Pinky ihr ganzes Leben noch nicht aufgeblieben.

Am nächsten Morgen war alles ganz schnell gegangen, und als sie vorhin am Bahngleis standen, hatte Vera plötzlich laut gelacht. »Wie du aussiehst!«

»Wie denn?« Pinky hatte verdutzt an sich heruntergeschaut. Auf ihre fleckige Jeans und ihr Glitzer-T-Shirt, das auf der Hinreise noch ganz rosa war. Jetzt war es um einige Farben reicher. Grüne Grasflecken, leuchtend rote Erdbeerkleckser und einen graubraunschwarzen Abdruck von Sonntags Tatze. Und statt in ihrer pinkfarbenen Lackledertasche steckte Pinkys Gepäck nun in einem uralten, reichlich zerfetzten Rucksack von Vera. Da hatte auch Pinky grinsen müssen.

»Das musst du grad sagen«, hatte sie zu Vera gesagt, sich für die Rückfahrt aber doch ein sauberes T-Shirt aus dem Rucksack gefischt – damit Mama keinen Schreikrampf bekam.

Und dann war auch schon der Zug gekommen. Vera hatte Pinky ganz fest an sich gedrückt. Daniel hatte Pinky verlegen angegrinst und »bis bald« gemurmelt. Pinky hatte gar nichts gesagt. Weil sie wieder diesen blöden Kloß im Hals hatte.

Doch jetzt, wo der Zug langsam aus dem

Bahnhof hinausfuhr, sprang Pinky noch einmal von ihrem Sitz auf und schob hastig das Fenster nach unten. Gleich wollten Vera und Daniel zu Sonntag ins Gehege fahren, wo Daniel sicher auch den größten Rest seiner Ferien verbringen würde.

»Bis bald«, schrie Pinky so laut, dass sich die Leute im Abteil erschrocken zu ihr umdrehten. »Bis baaaaa-haaaald!«

Vera und Daniel winkten wie verrückt, und als sie nur noch zwei winzige Punkte waren, ging Pinky zur Toilette, um sich umzuziehen. Dann lief sie zurück zu ihrem Sitz, wühlte in Veras Rucksack nach ihrem Kalender und rechnete sich aus, in wie vielen Wochen die Herbstferien anfingen.

Es waren nur acht Wochen – und bald darauf fingen ja auch schon die Winterferien an.

Danksagung

Mein Dank gilt Tania Askani, der »Wolfsmutter«, deren Sachbuch »Unsere Wölfin Flocke« mich zu der Geschichte von Sonntag inspirierte. Mit beeindruckenden Fotos und Berichten schildert Frau Askani, wie sie ein winziges Wolfsbaby vor dem Tod gerettet, mit Liebe und Sorgfalt aufgezogen und zu guter Letzt in ihrem Wildpark in der Lüneburger Heide integriert hat. Auch heute noch kann man die prachtvolle Polarwölfin Flocke dort besuchen.

Daniel Goosmann, dem Leiter der Tierpflege im Wildpark Lüneburger Heide, danke ich von ganzem Herzen für seine hilfreichen Kommentare und Anregungen – und für all die Zeit, die er sich bei meinem Besuch im Wolfsgehege genommen hat.

Auch Andrea Ehler, der Tierärztin, danke ich für ihre telefonische Beratungsstunde!

Und nicht zuletzt: Ein großes Dankeschön an Antonia Meisner für ihre liebevolle Betreuung der Geschichte vom kleinen Sonntag.

Platz für Wölfe: Wildpark und Schutzgebiet

Wölfe zählen zu den Raubtieren. »Raub« gilt unter Menschen als etwas Böses. Die Raubtiere sind aber nicht böse, sondern müssen Beute jagen, um zu leben. Deshalb nennt man solche Tiere heute oft lieber Beutejäger.

Da hungrige Wölfe auch Schafherden angreifen, hat der Mensch in weiten Teilen Europas den Wolf ausgerottet. Aber große Beutejäger gehören zur Natur.

Deshalb bemüht man sich heute, den Wölfen Lebensraum zu geben, ohne dass sie den Viehherden des Menschen schaden.

Eine Möglichkeit hierfür sind eingezäunte Wildparks, wie in diesem Buch beschrieben. Dort haben die Tiere so viel Auslauf, dass sie sich nicht gefangen fühlen. Trotzdem können Tierpfleger sich um sie kümmern.

Eine andere Möglichkeit sind Naturschutzgebiete, wo die Wölfe ein- und auswandern können wie sie wollen. Der Mensch darf in solchen Gebieten nicht sein Vieh weiden. Ein Beispiel dafür ist das Gebiet »Lieberose« in Brandenburg. Hier wandern frei lebende Wölfe aus Polen ein.

Johannes Albers, Artenschutz-Referent
der Greenpeace-Gruppe Essen

Känguru Lesespaß